# 101 consejos
# para ayudar
# a tu hijo
# a gestionar
# sus emociones

**Amat editorial**

**Amat Editorial**, sello editorial especializado en la publicación de temas que ayudan a que tu vida sea cada día mejor. Con más de 400 títulos en catálogo, ofrece respuestas y soluciones en las temáticas:

- Educación y familia.
- Alimentación y nutrición.
- Salud y bienestar.
- Desarrollo y superación personal.
- Amor y pareja.
- Deporte, fitness y tiempo libre.
- Mente, cuerpo y espíritu.

## E-books:

Todos los títulos disponibles en formato digital están en todas las plataformas del mundo de distribución de e-books.

## Manténgase informado:

Únase al grupo de personas interesadas en recibir, de forma totalmente gratuita, información periódica, newsletters de nuestras publicaciones y novedades a través del QR:

## Dónde seguirnos:

 | @amateditorial

  | **Amat Editorial**

## Nuestro servicio de atención al cliente:

Teléfono: **+34 934 109 793**

E-mail: **info@profiteditorial.com**

Louise Baty

# 101 consejos para ayudar a tu hijo a gestionar sus emociones

**DESCARGO DE RESPONSABILIDAD**

Ni el autor ni el editor podrán ser considerados responsables de ninguna pérdida o reclamación derivada del uso, o mal uso, de las sugerencias aquí formuladas. Ninguna de las opiniones o sugerencias de este libro pretende sustituir la opinión de un médico. Si te preocupa tu salud o la de un niño que esté a tu cargo, acude, por favor, a un profesional.

La edición original de esta obra ha sido publica en lengua inglesa por Summersdale Publishers con el título *Help Your Child Manage Their Moods*, de Louise Baty.

© Louise Baty, 2023
© Profit Editorial I., S.L., 2023
 Amat Editorial es un sello de Profit Editorial I., S.L.
 Travessera de Gràcia, 18-20, 6° 2ª; Barcelona-08021

Diseño de cubierta: XicArt
Maquetación: Marc Ancochea
Ilustraciones: Freepik

ISBN: 978-84-19341-68-6
Depósito legal: B 17276-2023
Primera edición: Noviembre de 2023

Impresión: Gráficas Rey
Impreso en España - *Printed in Spain*

# ÍNDICE

# CÓMO UTILIZAR ESTE LIBRO

Si estás leyendo este libro, es posible que te preocupen los cambios de humor de tu hijo. Puede resultar difícil, como padre o cuidador, observar cómo el humor de tu hijo, habitualmente alegre, se oscurece, aunque sea de manera temporal.

En primer lugar, ten en cuenta que los cambios de humor son habituales durante ciertas etapas entre los 5 y los 16 años. A veces pueden atribuirse a las hormonas o a cambios en el desarrollo. Para complicar las cosas, los niños no suelen tener el lenguaje o la madurez necesarios para expresar o afrontar los sentimientos que experimentan.

También hay que tener en cuenta que, independientemente de la edad, la mayoría de nosotros experimentamos ira de vez en cuando. De hecho, el enfado puede ser útil —sobre todo para un niño— en la medida en que sirve para indicar cuándo una situación parece incorrecta o injusta. Sin embargo, puede ser difícil de manejar si tu hijo con frecuencia se pone hecho una furia o si se muestra agresivo y se pone a sí mismo o a los demás en peligro.

Este libro ofrece formas de ayudarte a comprender y gestionar los cambios de humor de tu hijo con un enfoque holístico. Sugiere diversos métodos y estrategias para identificar los desencadenantes de la ira de tu hijo y las formas en que puedes ayudarle a controlar sus estados de ánimo.

Recuerda que cada niño es diferente y que, en lo que respecta a los cambios de humor, no existe un enfoque único para abordarlos. Por ello, no te propongas seguir a rajatabla cada uno de los puntos de este libro. En lugar de eso, elige los consejos que más te gusten y que consideres que pueden tener un efecto positivo en tu hijo.

# INTRODUCCIÓN

En primer lugar, ten en cuenta que cada niño es único, y que los distintos grupos de edad y tipos de personalidad pueden reaccionar de forma diferente a los cambios de humor. Algunos niños reaccionan físicamente; otros «arremeten» con palabras. Los padres de niños mayores y adolescentes bien podrían estar familiarizados con los portazos tras una discusión.

Es posible que reconozcas en tu hijo algunos de los siguientes síntomas comunes de la ira, o que él mismo te diga que los está experimentando:

▶ Puños apretados
▶ Irritarse con facilidad
▶ Músculos tensos
▶ Latidos acelerados y opresión en el pecho
▶ Sensación de calor
▶ Sentirse nervioso, tenso o incapaz de relajarse

▶ Gritar
▶ Sentirse humillado
▶ Enfurruñarse
▶ Experimentar resentimiento hacia otras personas
▶ Romper objetos
▶ Conatos de peleas
▶ Autoagresiones

Intenta recordar que la ira es una emoción humana de lo más común. Lee los consejos de este libro para ayudaros a ti y a tu hijo a identificar los desencadenantes de su ira y a experimentar con métodos para controlar sus estados de ánimo. Con un poco de suerte, podrás ir guiándole poco a poco hacia una forma de navegar por la vida que le haga sentir más tranquilo y feliz.

Capítulo 1

# Hablar y escuchar

Puede que resulte
difícil convencer a tu hijo
para que hable de su estado de ánimo.
Puede que aún no sea capaz de entender
sus sentimientos o de articularlos con
palabras. También puede que se
sienta culpable o avergonzado
por su comportamiento.
En este capítulo se describen las
formas más suaves de entablar
una conversación
con tu hijo.

# Encontrar el momento y el lugar adecuados para hablar

Puede que estés preocupado por tu hijo, pero no te precipites demasiado a la hora de «solucionar las cosas». Tómate tu tiempo e intenta elegir el mejor momento para hablar con él de sus sentimientos.

Recuerda que tu hijo puede estar sintiéndose tan confuso como tú. Así que ten paciencia y, por mucho que quieras hablar con él de sus sentimientos, no le anuncies una charla sentados, ya que puede percibirla como demasiado formal e intimidatoria.

También es buena idea no intentar abordar las cosas si tu hijo está en medio de un arrebato de ira. Es mejor esperar a que se calme.

Los niños tienden a abrirse cuando menos te lo esperas, por ejemplo durante un trayecto en coche, cuando hay menos distracciones y no hay necesidad de un contacto visual potencialmente incómodo. La hora de comer también puede ser una buena oportunidad para charlar.

También puedes ponerte con tu hijo a hacer alguna cosa que le guste, como colorear o jugar a algo. Cuando esté relajado y la conversación fluya, podrás abordar temas delicados.

# Cómo escuchar

Como padre, es importante que escuches de verdad a tu hijo, así que intenta prestarle toda tu atención.

Cuando tu hijo empiece a abrirse a ti, cuelga el teléfono, apaga la televisión, deja de hacer las tareas del hogar o lo que sea que estés haciendo.

Mantén el contacto visual con él y demuestra que le estás escuchando de verdad ofreciéndole una «declaración reflexiva», una técnica psicológica.

La escucha reflexiva* consiste en repetir lo que tu hijo te ha dicho («Me pone malo que me digas que mi habitación está demasiado desordenada») sin tergiversarlo ni añadir un tono diferente. En este caso, la declaración reflexiva podría ser: «Te pone malo que te diga que tu habitación está demasiado desordenada, pero la razón por la que me gustaría que la ordenaras es...». Esto hace que tu hijo se sienta escuchado y garantiza que le has entendido correctamente.

Empatiza con sus preocupaciones y no les restes importancia. Si menosprecias sus preocupaciones, menosprecias también a tu hijo.

---

\* Expresión utilizada por el psicólogo Carl Rogers.

# ¿Qué es normal para tu hijo?

Recuerda que nadie conoce a tu hijo mejor que tú. Eso significa que no hay nadie mejor situado que tú para juzgar si los estados de ánimo de tu hijo son «normales» para él o no.

Dedica tiempo a evaluar su estado de ánimo general y lo que es habitual en él. Esto te ayudará a conocer mejor los desencadenantes habituales, como el hambre, el cansancio o la sobreestimulación. Por ejemplo, puede que tu hijo esté normalmente tranquilo excepto a la hora de acostarse, lo que indica que el cansancio es la causa de sus arrebatos.

Si las razones habituales ya no sirven para explicar los actuales brotes emocionales de tu hijo —o si sus cambios de humor parecen más frecuentes—, puede que haya llegado el momento de profundizar.

# Tener en cuenta la edad y la etapa en la evolución de tu hijo

A la hora de hacerte una idea general del estado de ánimo de tu hijo, ten en cuenta su edad.

Puede que hayas dejado atrás las rabietas de la primera infancia, pero los cambios de humor son característicos de otras etapas del desarrollo, como la preadolescencia y la adolescencia. La edad media de inicio de la pubertad es a los 11 años en las chicas y a los 12 en los chicos. Sin embargo, puede empezar en cualquier momento entre los 8 y los 13 años en las chicas y entre los 9 y los 14 en los chicos.

Los cambios de humor son habituales en la pubertad, debido al aumento de las hormonas. Es posible que tu hijo se enfrente a emociones nuevas e intensas, como sentirse enfadado o molesto sin entender por qué.

# Ayudar a tu hijo a sentirse seguro

Como padres o cuidadores, nuestro trabajo consiste en hacer que nuestro hijo se sienta lo bastante seguro como para poder crecer y florecer. Para ello, necesita una rutina y una estructura en casa: un entorno tranquilo, afectuoso y divertido, sin conflictos habituales, gritos excesivos ni castigos físicos.

Si se siente seguro en casa, el mundo exterior no le dará tanto miedo.

Necesita saber que sus cuidadores «le cubren las espaldas», así que dile que le quieres, escúchale cuando hable y dale un abrazo cuando lo necesite. Los niños también deben sentir la libertad de expresarse con seguridad en casa sin miedo a ser cuestionados o ridiculizados.

# Formas de establecer vínculos

Dale a tu hijo el regalo más preciado: tu tiempo.

Es importante que establezcas un vínculo con tu hijo como individuo, lejos de sus hermanos, ya que ello refuerza la confianza entre tú como cuidador y tu hijo. Planifica algo sin más programa que disfrutar de vuestro tiempo juntos. Pídele que te sugiera una actividad, ya sea uno de sus pasatiempos favoritos o algo nuevo que os atreváis a hacer juntos.

Podríais:

- ▶ **Probar un nuevo deporte.**
- ▶ **Ver una película.**
- ▶ **Visitar una nueva cafetería.**
- ▶ **Iniciar una manualidad.**
- ▶ **Dar un paseo por su lugar favorito.**

Sacar tiempo para dedicárselo en exclusiva a él aumentará su autoestima y su autoconfianza. Una vez fijado el plan, cúmplelo: si cumples tu promesa, reforzarás la confianza entre ambos, lo que ayudará a tu hijo a sentirse seguro.

CONSEJO
7

# Cómo hablar de la ira

Si la ira puede ser un concepto difícil de entender para los adultos, no hablemos de los niños. Cuando encuentres el momento adecuado para hablar con tu hijo sobre sus sentimientos, es importante que utilices las palabras adecuadas para su edad y etapa de desarrollo, unas palabras que entienda.

Por ejemplo, ¿puede que un niño pequeño sienta «mariposas» en el estómago cuando empieza a enfadarse, o que de repente sienta calor?

¿Quizás tu hijo adolescente empieza a sentirse ansioso o inquieto cuando está a punto de estallar?

Pídele que describa cómo se siente y comprueba si puede identificar determinados desencadenantes que provocan sus cambios de humor. Puede que su nivel de perceptividad te sorprenda.

# Cuando tu hijo no habla: diferentes formas de comunicar

No te sorprendas si tu hijo se calla cuando abordas el tema de su estado de ánimo.

Admitámoslo: a muchos nos cuesta expresar nuestros sentimientos. Para aliviar la presión, conviértelo en un ejercicio divertido con ayuda del papel y pidiéndole que dibuje o escriba sus sentimientos.

Los lápices de colores son especialmente útiles para los niños más pequeños, ya que pueden estar deseando «colorear su estado de ánimo», ¡y nada expresa más «enfado» que un garabato de color rojo brillante!

Los niños más mayores pueden ser capaces de hacer una lluvia de ideas con palabras útiles y anotarlas para ti, dándote un trampolín para esa importante conversación sincera.

# Capítulo 2

# Las causas del mal humor de tu hijo

Al abordar
los cambios de humor de tu hijo,
es importante determinar la causa.
Algunos de los
desencadenantes habituales
son las dificultades escolares,
los problemas con los amigos
o el acoso escolar.
Al identificar
qué le preocupa a tu hijo
te resultará más fácil ayudarle
y apoyarle.
En este capítulo
se describen formas de
calibrar las emociones de tu hijo
—como hacer juntos un termómetro
de la ira o escribir un diario
sobre sus estados de ánimo—
y comprender cómo percibe
su propia ira.

# Detectar los síntomas

Recuerda que cada niño es diferente y que tu hijo manifestará el inicio de un cambio de humor de forma distinta a los demás. Sin embargo, si aprendes a detectar esas señales en tu hijo en cuanto se manifiestan, tendrás más posibilidades de detener un arrebato antes de que vaya a más.

Según el NHS (Servicio Nacional de Salud del Reino Unido), algunas de las señales de alerta precoz más comunes son las siguientes:

- ▶ **Sentir calor.**
- ▶ **Parecer nervioso o presa del pánico.**
- ▶ **Apretar los puños.**
- ▶ **Apretar los dientes.**
- ▶ **Manipular bruscamente los juguetes u otros objetos.**
- ▶ **Quedarse muy callado o hablar mucho de repente.**
- ▶ **Ponerse a discutir por todo o mostrarse irritable.**

# Detectar los efectos

Fíjate en cómo se comporta tu hijo durante un arrebato emocional. ¿Actúa en un plano físico, lanzando objetos, arañando, pegando o mordiendo? Tal vez se desahogue con palabras, gritándote a ti, a sus hermanos, a sus amigos o a quienquiera que se encuentre en la línea de fuego.

Quizás sea propenso a enfurruñarse, o tal vez sea de los que dan portazos y prefieren hacer una salida dramática cuando se sienten abrumados por la ira.

Si sabes cómo reacciona tu hijo a los cambios de humor, podrás predecir cómo evolucionará una situación y elegir la manera de afrontarla eficazmente.

# Cómo siente tu hijo la ira

Recuerda que la ira no es solo rabia y furia intensas. De hecho, esos sentimientos del «ojo del huracán» pueden pasar bastante rápido para tu hijo.

Una vez que ha superado su ira inmediata, puede quedarse con una combinación de otras emociones desconcertantes, como el miedo, la decepción o la tristeza.

Perder el control, aunque solo sea de forma momentánea, puede asustar al niño, que quizás se sienta triste, decepcionado o incluso avergonzado por su arrebato. También puede sentirse agotado física y emocionalmente.

Si es posible, una vez que se haya calmado, pregúntale cómo se sintió durante su arrebato de ira: puede que te dé una idea exacta de lo que está experimentando y de cómo podéis abordarlo juntos.

# Los pensamientos no son hechos

A veces nos obsesionamos tanto con nuestros pensamientos internos, sobre todo con los que están llenos de ansiedad o negatividad, que nos convencemos de que son la realidad. Esto puede ocurrir en personas de todas las edades, jóvenes y mayores, pero sobre todo en niños.

Tu hijo puede pensar: «Siempre lo hago todo mal» o «No valgo nada».

Pueden quedarse tan atascados en esta idea negativa que, para ellos, se convierte en un hecho sólido e inamovible, lo que, comprensiblemente, afecta a su estado de ánimo.

Si tu hijo está agobiado, enséñale que los pensamientos no son hechos, sino acontecimientos mentales que surgen en un determinado momento como consecuencia de un estado de ánimo. Si tu hijo tiene un mal día, puede que se sienta más preocupado por determinados pensamientos.

Prueba este ejercicio de atención plena (*mindfulness*) diseñado para ayudar a separar nuestros pensamientos internos de la realidad:

+ Pídele que te explique su pensamiento negativo, como «no le caigo bien a nadie».
+ Ahora pregúntale si es verdad. Al principio, puede que responda: «Sí».
+ Pídele que piense de nuevo: ¿es realmente cierto que no le gusta a nadie, o podría ver esta idea de otra manera? Quizás tenga un problema con un amigo en ese momento, pero eso no significa que no le guste a nadie.
+ Pídele que reformule el pensamiento de una manera más positiva —por ejemplo, recordando a todas las personas a las que sí les cae bien y que le valoran— y que piense en cómo eso le hace sentir.

Anímale a no reprimir esos pensamientos llenos de ansiedad o negatividad, sino a compartirlos contigo o con otras personas de confianza.

# Lo que puedes y no puedes controlar

A los niños les gusta llevar la voz cantante a la hora de tomar decisiones tales como qué ropa ponerse o qué comer. Pero es imposible y poco saludable que siempre se salgan con la suya, y el enfado puede deberse a sentimientos de impotencia y frustración cuando se les impide hacer lo que quieren.

Ayuda a tu hijo a entender las situaciones que no puede controlar: por ejemplo, por qué no puede vivir a base de comida basura, ir andando a casa de un amigo a partir de cierta hora o tener juguetes y artilugios nuevos a discreción.

Enséñale también que no puede controlar el comportamiento de los demás. Tampoco puede evitar que las cosas salgan «mal», como que se rompan accidentalmente juguetes queridos o que se «estropeen» cuadros al salpicarlos con demasiada pintura. (En la *página 66* encontrarás consejos sobre el perfeccionismo.)

Ayuda a tu hijo a ver que lo único que puede controlar en la vida es su propio comportamiento y sus reacciones ante las cosas.

# Ansiedad y depresión en los jóvenes

Estudios recientes han puesto de manifiesto que uno de cada ocho jóvenes de entre 5 y 19 años sufre un trastorno de salud mental, y que el 7,2% de los niños padecen trastornos de ansiedad.[*]

Sin embargo, muchos niños tienen dificultades para expresar sus sentimientos y pueden presentar otros síntomas, como poca confianza en sí mismos, falta de concentración, dificultades para dormir y comer, llanto, irritabilidad, pensamientos negativos y estallidos de ira.

Hay niños que por naturaleza son más ansiosos que otros, pero algunos pueden desarrollar ansiedad debido a acontecimientos estresantes, como un duelo, un conflicto en casa o problemas en el colegio.

Si te preocupa que un problema de salud mental esté afectando a tu hijo, puedes hablar con un profesional, como tu médico de familia o un profesor de confianza del colegio.

---

[*] Fuente: NHS.

# Fobias

Si tu hijo se enfada y se angustia con regularidad y el problema dura más de seis meses, considera la posibilidad de que padezca una fobia. Una fobia va más allá de los miedos «normales». En el caso de algunos afectados, el simple hecho de pensar en la causa de su fobia puede provocarles cambios de humor.

Los niños y adolescentes son más propensos a fobias específicas que a otras más complejas, como por ejemplo:

▶ Miedo a ciertos tipos de animales o insectos.
▶ Ciertas situaciones en las que pueden sentir que pierden el control, como volar o ir al dentista.
▶ Fobias ambientales, como a las alturas o a las aguas profundas.
▶ Fobias relacionadas con el cuerpo, como ver sangre o ponerse inyecciones.

No todas las fobias necesitan tratamiento, pero si lo que causa la ansiedad es difícil de evitar o la fobia está dificultando la capacidad de tu hijo para desenvolverse en el día a día, sería aconsejable buscar orientación profesional en tu médico.

# Llevar un diario

Llevar un diario de los estados de ánimo de tu hijo puede ser una forma eficaz de rastrear sus fluctuaciones anímicas. Anota los cambios de humor y los arrebatos de ira en una agenda o cuaderno. Si puedes, incluye el desencadenante y el modo en que reaccionó tu hijo. Puede ser útil incluir la hora, el lugar, la situación y quién estaba allí.

Si llevas un registro de los cambios de humor de tu hijo, podrás hacerte una idea más clara de la situación y hallar un patrón en su comportamiento. Por ejemplo, si los cambios de humor son más evidentes al final de la semana escolar, ello puede indicar que el cansancio es un factor desencadenante. Si tu hijo es lo bastante mayor y está dispuesto, sugiérele que lleve su propio diario de los estados de ánimo para que le ayude a rastrear y comprender mejor sus emociones.

# Maneras de afrontar los enfados de tu hijo

Puede resultar difícil saber qué hacer en el momento en que tu hijo está enfadado, pero aquí tienes algunos sencillos consejos sobre qué hacer y qué no hacer:

Qué hacer:

▶ Recuerda que se trata de él, no de ti, así que no te lo tomes a pecho.

▶ Asegúrate de que está a salvo: retira cualquier objeto punzante o pesado de su alcance.

▶ Si estás en público, intenta ignorar a los curiosos: tu hijo es tu prioridad.

▶ Ponle consecuencias por su comportamiento (como lanzar cosas o pegar), no por sus sentimientos. Enséñale que la ira es una emoción normal y que le ayudarás a aprender a manejarla.

Qué no hacer:

- ▶ Bloquearte o entrar en pánico: mantén la calma.
- ▶ Levantar la voz, pues solo conseguirás que se enfade aún más.
- ▶ Intentar razonar con él o pedirle que te explique por qué está enfadado en ese mismo momento, ya que lo único que conseguirás es empeorar las cosas.
- ▶ Ponerte violento con tu hijo, empujándole o tratándole mal.

# Crear un termómetro de la ira

A ti y a tu hijo puede resultaros útil marcar cada episodio de ira sobre diez mediante un «termómetro de la ira», una forma sencilla de que tu hijo exprese la gravedad de sus estados de ánimo y una herramienta muy utilizada en terapia infantil.

Por ejemplo, tu hijo puede ponerse a discutir de manera obstinada por algo pero considerar que la situación solo merece un tres en el termómetro de la ira.

Por el contrario, un arrebato en toda regla puede calificarse con un nueve.

Sabiendo en qué medida afectan determinadas situaciones al estado de ánimo de tu hijo, podéis trabajar juntos para afrontarlas. Si a tu hijo le gusta tener un soporte, dibuja o descarga un sencillo dibujo de un termómetro con números del uno al diez para que pueda apuntar el nivel de enfado adecuado. Para los niños muy pequeños que aún están aprendiendo los números, puedes utilizar distintos *emojis* —feliz, triste, enfadado— como forma de clasificar sus sentimientos.

# Qué decir cuando están enfadados

Cuando tu hijo se sienta desbordado por una emoción, tu trabajo consistirá en mantener la calma y guiarle de forma segura a través de ella con un lenguaje y unas acciones tranquilizadoras.

Utiliza frases sencillas y positivas para demostrarle que estás de su parte: «Veo que estás enfadado y no pasa nada por desahogarte».

Sé firme sobre lo que es y no es aceptable: «Sé que estás enfadado, pero no dejaré que me pegues».

Asegúrale que le apoyas: «Estoy aquí y te quiero».

Explícale lo que estás haciendo: «Voy a esperar a que dejes de gritar y entonces quizás podamos hablar».

Ofrécele consuelo, pero no lo fuerces: «¿Crees que te apetece que te abrace? Estoy aquí si quieres».

# Qué no decir cuando están enfadados

No le grites ni le regañes por sentirse enfadado.

No digas: «Me estoy enfadando».

No desestimes o minimices sus sentimientos diciéndole que «se calme», «deje de gritar» o «deje de lloriquear». Intenta decir: «No te entiendo cuando hablas así, ¿puedes hablar con más calma, por favor?».

No intentes avergonzarle llamándole «consentido» o «malcriado».

Si estás en un lugar público, resiste el impulso de sisear: «¡Me estás avergonzando!». Tu hijo no está teniendo un arrebato para ponerte en evidencia; está abrumado por la emoción. Intenta decirle: «¿Vamos a hablar de esto a un sitio más tranquilo e intentamos resolverlo en equipo?».

# No te lo tomes como algo personal

Es difícil no sentirse dolido cuando te has llevado la peor parte en el último enfado de tu hijo. Pero intenta no tomártelo como algo personal.

Tu hijo no está «haciendo de las suyas» deliberadamente para fastidiarte el día. De hecho, esto no tiene nada que ver contigo y no significa que seas un mal padre.

Pero cuando tu hijo pierda el control de sus emociones, te buscará para que le tranquilices. Así que si te encuentras a ti mismo preguntando: «¿Por qué me haces esto?» o perdiendo el control de tus propias emociones en respuesta a su comportamiento, puede que sea el momento de dar un breve paso atrás.

Siempre que tu hijo no corra peligro, no pasa nada si te das la vuelta momentáneamente o te retiras a otra habitación para recuperar la compostura.

# Cómo expresar las emociones de forma saludable

Enseña a tu hijo que no pasa nada —y que es perfectamente normal— por experimentar emociones fuertes, pero que algunas formas de expresarlas son más sanas que otras.

Sé el modelo de tu hijo demostrándole cómo manejar positivamente las emociones fuertes. Habla con calma en lugar de gritar o chillar a su alrededor.

Explícale cómo afrontas tus propios sentimientos.

Por ejemplo, puedes decir: «El otro día me enfadé mucho cuando perdí las llaves. Pero en vez de gritar, respiré hondo, conté hasta cinco e intenté recordar dónde las había dejado. Me ayudó mucho a sentirme mejor. ¿Crees que a ti también te ayudaría?».

# Cómo afrontar juntos la ira

Es importante que tu hijo sepa que estás de su parte cuando se trata de lidiar con sus emociones. Para reforzar la idea de que sois un equipo, trabaja para alimentar la confianza que compartís. Puedes conseguirlo escuchándole y aconsejándole, así como animándole a hablar abiertamente de sus sentimientos para que podáis superarlos juntos.

Asegúrale que no estás enfadado ni decepcionado con él ni con sus emociones, y explícale que lo que está experimentando es completamente normal. Dile: «Todo el mundo se enfada a veces. Lo que cuenta es cómo lo afrontas».

Ofrece a tu hijo formas de expresar su ira. Por ejemplo, a los más pequeños les puede gustar «dibujar su ira» contigo: ¿podría ser un dragón que escupe fuego o un volcán en erupción?

Es posible que a los niños mayores les apetezca desahogarse haciendo algo de ejercicio, como salir a correr o jugar a la pelota contigo.

Si puedes, pregúntale si hay algo en particular que le gustaría que hicieras cuando se sienta abrumado. Por ejemplo, ¿le ayudaría un abrazo en ese momento o preferiría que le dieras un poco de espacio?

# Respirar hondo

Enseña a tu hijo una de las técnicas más sencillas de atención plena: respirar hondo.

Cuando las emociones amenazan con desbordarnos, puede ser muy útil tomarse un momento para inspirar profundamente y espirar despacio.

Esto nos otorga tiempo para ordenar nuestros pensamientos por un momento y, con suerte, detener la ira en seco. Además, es muy fácil y lo pueden hacer tanto adultos como niños.

Cuando observes que tu hijo muestra los primeros síntomas de ira, intenta decirle con calma: «Respira hondo y luego hablaremos de cómo te sientes». Pruébalo tú mismo y verás los efectos positivos.

# Contar hasta diez

Es posible que tú mismo recuerdes de cuando eras niño que te decían que contaras hasta diez, porque es una técnica que se ha utilizado durante generaciones.

En época reciente, una investigación[*] ha descubierto que, en determinadas situaciones, el método de contar hasta diez puede ayudar a reducir la agresividad. Contar metódicamente resulta familiar y accesible a la mayoría de los niños a partir de los 5 años. También es un sencillo método de distracción, una forma de enseñar a tu hijo a tomarse unos momentos cuando percibe que su estado de ánimo está cambiando. Contando, ya sea en voz alta o mentalmente, se otorga el tiempo necesario para calmarse y dejar que se aplaque su ira.

---

[*] Fuente: *The Journal of Applied Social Psychology*, Jeffrey Osgood y Mark Muraven, de la Universidad Estatal de Nueva York.

# Capítulo 3

# Ayudar a tu hijo a sentirse tranquilo

En este capítulo
se analizan formas de
fomentar y transmitir la calma.
Cuando encuentres métodos
que funcionen para tu hijo,
como el yoga, la pintura o los
paseos por la naturaleza,
puedes empezar a incluirlos
en su rutina diaria.
Cada niño
responde de forma diferente
a las actividades relajantes
y a las técnicas de atención plena,
así que no temas experimentar
y ver qué es lo que
funciona mejor.

# Actividades relajantes para la mente y el cuerpo

Hay muchas actividades sencillas y relajantes que pueden calmar a tu hijo. Piensa en lo que le relaja y le hace feliz. Puede ser escuchar su canción favorita o hacer galletas juntos. Aquí tienes algunas ideas:

- ▶ Prepararle un refrescante trago de agua para evitar que se deshidrate si está llorando, o una bebida reconfortante, como un chocolate caliente: ¡es como un cálido abrazo en una taza!
- ▶ Prepararle un baño o una ducha para que pueda disfrutar de un rato de relajación en el agua (bajo supervisión, si es necesario).
- ▶ Hacer algo creativo, como pintar o jugar con plastilina.
- ▶ Construir algo imaginativo con Lego.
- ▶ Escuchar música relajante.
- ▶ Salir a pasear por la naturaleza.
- ▶ Observar a los peces nadando en un acuario o ver vídeos *online* de peces nadando (las investigaciones[*] han descubierto que puede reducir la presión arterial y la frecuencia cardíaca).

---

[*] Fuente: Universidad de Exeter, Reino Unido.

CONSEJO
27

# Meditación de atención plena

Infórmate sobre la meditación de atención plena, una antigua práctica descrita en la filosofía budista como «conciencia lúcida». En pocas palabras, la atención plena es una forma de separarse de las influencias externas y las preocupaciones periféricas y de anclarse en el momento presente.

Es tan fácil de seguir para los niños que las técnicas de atención plena se enseñan ahora en escuelas de todo el mundo. Son muchos los beneficios derivados de la práctica de la meditación de atención plena por parte de los niños:

+ Fomenta la paciencia, una actitud más alegre y sentimientos de satisfacción.
+ Enseña formas sencillas de mantener la calma en situaciones de estrés que pueden incorporar y llevar consigo a la edad adulta.
+ Potencia la atención.
+ Mejora la memoria, el control cognitivo y la flexibilidad, lo que puede ayudar en los estudios y especialmente a la hora de realizar exámenes.

# Meditación de los cinco sentidos

Prueba el ejercicio «de los cinco sentidos» para que tu hijo se centre en sus sentidos y no en sus pensamientos.

▶ Pide a tu hijo que se fije en cinco cosas que pueda ver: haz que eche un buen vistazo alrededor de ti. ¿Hay algo fuera de lo común que no suele notar?

▶ A continuación, pídele que se fije en cuatro cosas que pueda sentir: la textura de su ropa, por ejemplo.

▶ A continuación, pídele que se fije en tres cosas que pueda oír: anímale a que escuche ruidos de fondo que suele ignorar, como el piar de los pájaros o el hervir de una tetera.

▶ A continuación, pídele que se fije en dos cosas que pueda oler: ya sean agradables o desagradables.

▶ Por último, pídele que se fije en algo que pueda saborear: dale una bebida y sugiérele que beba un sorbo y deguste su sabor.

# Meditación de enraizamiento

Si alguien está «desenraizado», puede tener problemas para canalizar su energía y mostrar señales como:

- ▶ Incapacidad para pensar con claridad.
- ▶ Dificultad para relajarse o dormir.
- ▶ Sensación de agobio y de tensión.
- ▶ Necesidad de picotear con frecuencia.
- ▶ Problemas de concentración.
- ▶ Reacciones bruscas ante factores desencadenantes, como determinadas personas o situaciones.

Los estimulantes, entre los que hay que incluir el azúcar y la tecnología, junto con la escasa actividad física al aire libre, pueden hacer que los niños se sientan «desenraizados».

Para un ejercicio sencillo de enraizamiento, pídele a tu hijo que se quite los zapatos y los calcetines y que se ponga de pie, erguido, sintiendo su conexión con el suelo. Pídele que respire hondo e imagine que es un árbol. Sus pies son las raíces firmemente plantadas, su cuerpo es el tronco fuerte y sus brazos son las ramas.

# Técnicas de relajación

Practica con tu hijo estas tres sencillas técnicas de relajación para reducir el estrés y la frustración:

+ Cread bolas de estrés caseras. Primero, rellenad globos con arroz o lentejas secas y luego apretad la pelota con una o ambas manos. Probad diferentes velocidades y una variedad de presiones.

+ Simulad ser gatos somnolientos que se despiertan de la siesta, aflojando las manos y luego cerrando fuerte los puños. Ejercitad los músculos faciales maullando y bostezando. Estirad las piernas y los brazos y arquead la espalda como un gato.

+ Probad con la visualización guiada. Pídele a tu hijo que cierre los ojos y escuche mientras le cuentas una historia que le lleve a imaginarse en un lugar tranquilo y relajante, por ejemplo una playa. Cuando se concentre en la historia, sus preocupaciones desaparecerán. Muchos guiones para sencillas visualizaciones guiadas están disponibles *online*.

# Colorear

Un libro para colorear y un bote de lápices de colores pueden hacer maravillas de cara a aliviar el estrés. De hecho, algunos expertos creen que colorear es tan relajante como meditar, porque anima al cerebro a concentrarse en una actividad anclada en el momento, lo que reduce la ansiedad y otras emociones negativas.

Como los libros para colorear se han consolidado en los últimos años como una herramienta de atención plena, deberías poder encontrar uno adecuado para tu hijo, sea cual sea su edad.

Ten en cuenta, además, que colorear también puede ser una estupenda actividad para estrechar lazos, así que ¿por qué no te ofreces a ayudarle con su dibujo?

# Leer

Abrir un libro es adentrarse en un nuevo mundo mágico, lejos de las preocupaciones de la vida cotidiana. Según una investigación de la organización benéfica The Reading Agency, la lectura puede actuar como un verdadero elevador del ánimo.

No solo alimenta el sentido de la empatía y fomenta unas mejores relaciones con los demás, sino que también se ha descubierto que reduce los síntomas relacionados con la depresión y aumenta el bienestar general.

Anima a tu hijo a abrir un libro con regularidad, tanto si tú le lees como si él te lee en voz alta o se acurruca solo con su cuento favorito.

Los audiolibros apropiados para cada edad son también una forma maravillosa y relajante de perderse en las historias.

# Hacer ejercicio juntos

El ejercicio es ideal para desahogarse, y un paseo a pie o en bicicleta puede ser una forma rápida de aplacar la ira cuando empieza a crecer. Es una gran idea incorporar el ejercicio regular a vuestra rutina, así que intenta reservar 30 minutos tres veces por semana para realizar actividades físicas divertidas con tu hijo. Se trata de algo que no solo beneficia a la salud física, sino que también tiene muchos efectos positivos sobre el bienestar mental, sobre todo si salís a la naturaleza para vuestra sesión de ejercicio.

Podéis incorporar el ejercicio a vuestro día a día:

+ Saliendo a pasear en familia.
+ Subiéndoos a la bici y explorando nuevas rutas.
+ Creando un circuito de *fitness* en casa con actividades como *footing*, *hula-hooping* y salto a la comba.
+ Dando patadas a un balón.
+ Poniendo vuestras canciones favoritas y montando una discoteca familiar.
+ Siguiendo un vídeo de yoga *online* apto para niños.

# Estar en la naturaleza

Si tu hijo es más feliz saltando en charcos llenos de barro, intenta fomentar su amor por el aire libre saliendo fuera sea cual sea el tiempo y convirtiéndolo en un ritual habitual.

Según un estudio[*], dos tercios de las personas se refugian instintivamente en entornos naturales cuando están estresadas. Estar en la naturaleza —o incluso simplemente contemplar escenas naturales— ayuda a disipar la ira. También tiene otros beneficios, como reducir el cortisol, potenciar la memoria, disminuir la tensión arterial, aliviar la depresión y la ansiedad, mejorar la concentración y reforzar el sistema inmunitario.

Para animar a tu pequeño amante de la naturaleza, podrías:

▶ Llevártelo al bosque, al parque o a la reserva natural local.
▶ Retarlo a hallar flores e insectos al aire libre.
▶ Ayudarle a cultivar plantones en una maceta.

Y, lo que es más importante, no te estreses si se ensucia por completo, ¡forma parte de la diversión!

---

[*] Fuente: Marcus y Barnes.

# Pasar tiempo con animales

La compañía que ofrece una mascota no solo alivia la ansiedad, sino que también puede fomentar la confianza del niño en sí mismo y proporcionarle un sentido de propósito, rutina y responsabilidad.

Pasar tiempo con una mascota también permite al niño vivir con alegría «el momento»; por eso, si tenéis la suerte de contar con una mascota, intenta animar a tu hijo a que pase tiempo con ella y a que ayude a cuidarla cada día.

Un estudio de la Universidad Estatal de Washington descubrió que pasar solo diez minutos interactuando con un perro o un gato reduce significativamente el cortisol, conocido como la hormona del estrés.

Si no tenéis una mascota en casa, visitad a alguien que la tenga, o lleva a tu hijo a una granja de mascotas o a un zoo para que, bajo supervisión, pueda pasar tiempo con animales.

# Técnicas respiratorias

Centrarse en la respiración puede ser una buena forma de calmar a un niño ansioso o enfadado.
Prueba la respiración de la pluma:

+ Posa una pluma en la palma de la mano de tu hijo.
+ Dile que mantenga la mano justo debajo de la barbilla.
+ Indícale que respire normalmente y que observe cómo se mueve la pluma al inhalar y exhalar.

Respirar lenta y profundamente también puede ser muy eficaz. Prueba la respiración en globo:

+ Pide a tu hijo que se siente y cierre los ojos.
+ Dile que imagine que su barriga es un globo.
+ Pídele que «llene el globo» inspirando durante 4 o 5 segundos.
+ Dile que «suelte el aire» espirando durante 5 o 6 segundos.
+ Repítelo varias veces.

CONSEJO
37

# Garabatear

No deseches los garabatos como un acto de aburrimiento sin sentido. De hecho, se ha demostrado[*] que garabatear tiene muchos beneficios, como mejorar la concentración, potenciar la memoria, aliviar el estrés y ayudar al garabateador a estar más presente en el momento. A los niños les puede relajar y divertir dibujar patrones repetitivos o remolinos, lo que se les ocurra.

Para algunos niños, hacer garabatos puede resultar más relajante y menos estresante que colorear, porque no es complicado y hay poco en juego: no hay una forma «incorrecta» de hacerlo. Otros preferirán la estructura de colorear. Al fin y al cabo, cada niño es diferente.

Alienta a tu hijo a tomar un lápiz o un bolígrafo y a dibujar formas o dibujos que le salgan de forma natural. Anímale a dejar que el lápiz fluya sobre el papel sin pensar en el resultado final, y a ver qué pasa.

---

[*] Fuente: Estudio de la psicóloga Jackie Andrade, de la Universidad de Plymouth (Reino Unido).

# Hacer una guarida

Construir una guarida o una cabaña puede ser mágico y, si te ofreces a ayudar, tendrás la oportunidad
de estrechar lazos con tu hijo, con él como líder del
ejercicio y sin ninguna presión.

Tanto si tu hijo opta por construir su guarida con
cajas de cartón, una manta colgada sobre unas sillas
o una cabaña con ramas y palos al aire libre, le en-
cantará tener su lugar especial: un sitio donde jugar
y relajarse en paz.

Si no tienes espacio para una guarida permanente
en casa, no te preocupes. Es un proceso sencillo pero
eficaz que puede repetirse fácilmente cada vez que
las emociones de tu hijo se desborden.

# Cantar

Cantar en voz alta puede calmar al niño y mejorar su estado de ánimo, ya que libera endorfinas, la «hormona de la felicidad», que le levantan el ánimo al instante y alivian la ansiedad y la tensión.

Ya sean canciones infantiles o pop, anima a tu hijo a subir el volumen y dejarse llevar por sus canciones favoritas.

Puede que quiera cantar a viva voz una canción contigo en el coche, o puede que prefiera retirarse a su habitación para cantar en solitario. Al igual que sucede con todos los métodos de atención plena, no hay una forma correcta o incorrecta, siempre y cuando mejore su estado de ánimo.

# Echarse unas risas

El sentido del humor puede ayudarnos a sobrellevar la vida y, de hecho, las investigaciones[*] han descubierto que reírse con los demás también libera endorfinas que nos hacen sentir bien.

Aprender a reírnos de las situaciones difíciles y a no tomarnos a nosotros mismos demasiado en serio es también una importante lección de vida.

Enseña a tus hijos el sentido del humor contándoles anécdotas divertidas, gastándoles bromas, leyéndoles libros con los que se rían a carcajadas y cantando juntos canciones graciosas. Sin embargo, recuérdales que el humor nunca debe ser malintencionado ni estar pensado para molestar a los demás.

---

[*] Fuente: Estudios de la Universidad de Oxford (Reino Unido), la Universidad de Turku (Finlandia) y la Universidad Aalto (Finlandia).

# Capítulo 4

# Potenciar la autoestima de tu hijo

Este capítulo
examina las formas
de alimentar y reforzar
la autoestima de tu hijo
para que tenga la resiliencia
y la confianza necesarias
para afrontar y disipar las
emociones difíciles.
Aprende métodos
para ayudar a tu hijo
a desterrar la negatividad
mediante pensamientos positivos
y gratitud, a cultivar y apreciar
las amistades, a disfrutar
del tiempo en familia y,
sobre todo, a tratarse
a sí mismo con
amabilidad.

# Tratarse bien a uno mismo

Enseña a tu hijo que la autocompasión es tan importante como tratar a los demás con amabilidad. Cuando percibimos que las cosas van mal, muchos de nosotros nos avergonzamos a nosotros mismos mediante nuestra propia «voz interior» negativa, aunque nunca se nos ocurra juzgar a los demás con tanta dureza.

Pídele que piense cómo trataría a un amigo que no tuviera confianza en sí mismo. ¿Le reñiría o sería amable y cariñoso? Tal vez le diría: «No deberías sentirte mal contigo mismo: eres una buena persona, que se hace querer y que tiene muchas habilidades y talentos».

Ahora pídele que imagine que, en lugar de con un amigo, está hablando consigo mismo. Con el mismo tono de voz tranquilizador, debe repetir la frase, sustituyendo *tú* por *yo*.

# Pensar en positivo

Escucha cómo tu hijo se habla a sí mismo en voz alta cuando está frustrado. Si dice: «Siempre meto la pata», es muy probable que tenga pensamientos negativos. También puede que vuelque su negatividad en otras personas o en determinadas situaciones.

Sé el modelo de tu hijo evitando quejarte o hablar mal de ti mismo o de los demás. Fomenta el pensamiento positivo y mira el lado bueno de las situaciones difíciles.

Prueba una forma moderna de dar las gracias por lo que tenemos pidiendo a tu hijo que diga cinco cosas positivas sobre su vida en este momento, una por cada dedo de la mano.

Enséñale a sustituir la negatividad por la positividad. Así, en lugar de decir: «Siempre meto la pata», ¿qué tal: «Siempre me esfuerzo al máximo»?

# Autoestima

Una baja autoestima puede acarrear problemas como la ira y la depresión. He aquí algunas normas básicas que ayudarán a tu hijo a forjarse una opinión positiva de sí mismo desde pequeño:

▶ Cuando te necesite, préstale toda tu atención.

▶ Háblale con calma.

▶ Elógialo cuando lo merezca.

▶ No lo menosprecies ni lo denigres.

▶ Quiérelo incondicionalmente y nunca le hagas sentir vergüenza de ser él mismo.

▶ Céntrate en sus puntos fuertes y fomenta los talentos que lo hacen especial.

▶ Enséñale que nadie tiene más o menos valor que él.

▶ Guíale para que vea los errores como trampolines hacia el aprendizaje.

▶ Anímale y ayúdale a aprender habilidades para la vida.

# Perfeccionismo

Algunos niños pueden enfadarse por sucesos aparentemente sin importancia, como dejar caer por accidente unas gotas sobre su última obra de arte.

El perfeccionismo y la baja autoestima suelen estar relacionados porque quienes tienen una mala opinión de sí mismos tienden a centrarse en los fallos o insuficiencias propias que perciben.

Aprender a adaptarse a las decepciones y a no «ahogarse en un vaso de agua» es algo que se consigue con el tiempo y la experiencia vital. Tranquiliza a tu hijo diciéndole que, por lo general, las cosas salen bien, aunque el resultado no sea el esperado.

Por ejemplo, a un niño pequeño puedes decirle: «¿Qué tal si convertimos esas manchas de pintura de tu dibujo en caras graciosas?». Para ayudar a un niño mayor, que puede estar disgustado por no haber obtenido una mejor nota en un examen del colegio, puedes explicarle que los resultados de los exámenes no lo son todo en la vida, y que tiene muchas habilidades y talentos.

Ayúdale a aceptar los contratiempos y a verlos como oportunidades de aprendizaje. Y, lo más importante, enséñale que la vida en general no es perfecta.

# Escenarios de juegos de rol

Intentad escenificar situaciones en las que tu hijo pueda sentirse enfadado. Es un proceso útil para aprender a expresar emociones fuertes de forma sana y positiva.

Por ejemplo, puedes hacer el papel de un amigo que se niega a que tu hijo también utilice los columpios en el parque. Pregúntale cómo reaccionaría y qué diría. A continuación, proponle soluciones útiles para afrontar el problema con calma.

Otra situación podría ser que tu hijo esté viendo una película cuando debería estar haciendo los deberes, y que se sienta tratado injustamente cuando le pides que apague la tele y haga su trabajo. Háblale tranquilamente de que comprendes su frustración, pero explícale la importancia de hacer lo que tiene que hacer (los deberes) antes de poder hacer lo que le apetece (ver la tele). Escenificad cómo podríais afrontar la situación con calma: enséñale que, si acepta apagar la tele sin discutir, podrá terminar de ver la película cuando haya hecho los deberes.

# Afirmaciones positivas

Anima a tu hijo a hacer afirmaciones positivas: declaraciones sobre sí mismo que aumenten su confianza, como «soy un gran amigo», «se me dan bien los deportes» o «tengo talento para el arte».

Las afirmaciones son una forma estupenda de reforzar la autoestima. Aquí tienes algunas ideas para que sean divertidas y no una obligación:

▶ Cuelga un tablón de anuncios en la cocina o en el pasillo y pídele a tu hijo que clave allí afirmaciones positivas para que pueda leerlas todos los días.

▶ Crea un cofre del tesoro de afirmaciones: haz o compra una caja y pídele a tu hijo que escriba afirmaciones positivas y las guarde en ella. Recurre al cofre del tesoro cuando sea necesario.

▶ Convierte las afirmaciones positivas de tu hijo en canciones que podáis cantar juntos.

# Cultivar amistades

Anima a tu hijo a hacer y mantener amistades. Durante la infancia, las amistades son importantes para el desarrollo, y las investigaciones[*] han llegado a relacionar el hecho de tener una amistad recíproca de buena calidad durante los años escolares con la calidad de las relaciones en años posteriores.

Las amistades enriquecen nuestras vidas porque aumentan la felicidad, reducen el estrés, mejoran la confianza en nosotros mismos y la autoestima, y nos ayudan a afrontar acontecimientos difíciles de la vida. También pueden ampliar nuestros horizontes y nuestra visión del mundo.

Intenta fomentar las habilidades sociales de tu hijo, como por ejemplo:

▶ Ser capaz de entablar conversaciones: ¿puede tu hijo pensar en formas de iniciar interacciones sociales? ¡A veces un simple «¿Cómo te llamas?» es suficiente!

---

[*] Fuente: Catherine Bagwell, profesora de Psicología en el Oxford College de la Universidad Emory, EE. UU.

- ▶ Interpretar situaciones sociales: ¿puede tu hijo «leer» una situación social y saber cuándo empezar a hablar y cuándo dejar de hacerlo?
- ▶ Escuchar a los demás: una regla básica de conversación que implica que tu hijo se centre en lo que le dice el otro niño.
- ▶ Interactuar positivamente: ser amable, educado y respetuoso con los demás.

# Pasar tiempo con los amigos

Reconoce lo importantes que son las amistades de tu hijo para su bienestar y procura ofrecerle oportunidades de ver a amigos fuera de la escuela.

Las investigaciones[*] demuestran que las amistades de un niño tienen profundos efectos positivos en su desarrollo social y emocional, así como en su salud mental y su progreso académico. Además, tu hijo no tiene por qué ser el más popular de la clase: puede que solo necesite una amistad recíproca para marcar la diferencia.

Sé un modelo para tu hijo demostrándole interacciones sociales sanas. Enséñale a ser amable en el juego, a compartir y a cooperar con sus iguales.

---

[*] Fuente: Catherine Bagwell, profesora de Psicología en el Oxford College de la Universidad Emory, EE. UU.

# Probar algo nuevo

No dejes que tu hijo se estanque haciendo siempre lo mismo. Anímale a desafiarse a sí mismo saliendo de su zona de confort.

Con demasiada frecuencia dejamos que el miedo a lo desconocido nos frene, pero probar una actividad nueva puede ser una auténtica inyección de confianza y permitirnos pulsar el botón de *reset* en nuestras vidas. Así que remueve un poco las aguas y anímale a probar un deporte o una afición diferente o aventuraos a ir al parque de la otra punta de la ciudad en lugar de ir al de siempre, el más cercano a casa. Recuerda que las nuevas aventuras también pueden ser una oportunidad para hacer nuevos amigos.

Y si, después, tu hijo decide que no es para él, no te preocupes: al menos podrá decir que lo ha probado.

# Apagar los dispositivos

Pasar largos periodos mirando pantallas se asocia a una dieta poco saludable y a la falta de ejercicio. También está la influencia de las redes sociales: cuando tu hijo utiliza sus dispositivos para ver fotos y vídeos de otras personas, está observando la vida —o más bien un vídeo cuidadosamente elaborado de la vida de otra persona— en lugar de experimentarla de primera mano.

De manera preocupante, varios estudios han descubierto que el uso excesivo de las redes sociales puede aumentar el riesgo de depresión, ansiedad, soledad, autolesiones e incluso pensamientos suicidas. Las redes sociales también pueden provocar sentimientos de inadecuación con respecto a la propia vida y «miedo a perderse algo» (FOMO).

Los expertos[*] recomiendan establecer límites de tiempo de pantalla según la edad. También apagar los teléfonos, portátiles y tabletas al menos una hora antes de acostarse para no entorpecer el sueño.

No olvides tampoco tu propio dispositivo. Al apagar todas las pantallas, tu hijo y tú tendréis más oportunidades de pasar tiempo de calidad juntos sin distracciones.

——————

[*] Fuente: Royal College of Paediatrics and Child Health.

# Tiempo en familia

Parece sencillo, ¡porque lo es! Pasa tiempo con tu hijo.

Las familias necesitan tiempo de calidad para crear vínculos y desarrollar lazos fuertes y profundos. Al organizar de forma regular oportunidades de estar con tu hijo, le ayudas a sentirse seguro y protegido. Por desgracia, los niños que sienten que sus padres nunca les dedican tiempo pueden acabar sintiéndose rechazados y enfadados.

No hacen falta días muy caros para hacer que valga la pena. Dedicar una hora a pasear juntos puede marcar una gran diferencia. Lo importante es que dediques ese tiempo a tu hijo, a hablar con él y a escucharle.

# Llevar un diario de gratitud

Cada noche, pide a tu hijo que escriba tres cosas buenas de su día —grandes o pequeñas— en un cuaderno.

Se ha comprobado que practicar la gratitud con regularidad aumenta la felicidad y el bienestar.[*] Puedes motivar a tu hijo iniciando sus frases, por ejemplo:

▶ «Una cosa divertida que he hecho hoy ha sido...»
▶ o «Una cosa buena que me ha pasado hoy ha sido...».

Si tu hijo es reacio a llevar un diario, procura tener una conversación diaria sobre la gratitud. Durante la cena o a la hora de acostarse, contaos mutuamente vuestras «tres cosas buenas».

---

[*] Fuente: Estudios realizados en la Universidad de California y la Universidad de Miami, EE. UU.

# Conseguir un aumento de vitamina D

Asegúrate de que tu hijo recibe suficiente vitamina D, que se ha demostrado que ayuda a regular el estado de ánimo y a reducir la depresión y la ansiedad.

Completa la dieta de tu hijo con alimentos ricos en vitamina D, como las yemas de huevo, las setas y el pescado azul, como el salmón y la caballa. La vitamina D se puede encontrar en algunos cereales, zumos y leche enriquecidos, y también puedes probar con un suplemento seguro para niños.

No olvides que salir a la calle para que nos toque el sol es la forma ideal de aumentar los niveles de vitamina D. Una exposición diaria de 10 a 30 minutos puede proporcionar un gran beneficio.

# Capítulo 5

# Crear en casa un entorno tranquilo

Si tú mismo
llevas una vida tranquila
(durmiendo lo suficiente, haciendo
ejercicio, dedicándote tiempo a ti mismo
y llevando una dieta equilibrada), es
posible que tu hijo tenga
menos tendencia a sufrir
cambios de humor.
Prueba algunos
de estos consejos para
crear en casa un entorno
en el que tu hijo se sienta
seguro y capaz de relajarse
y gestionar sus emociones
con mayor eficacia.

# Comer bien

Proporciona a tu hijo una dieta equilibrada.
Comer bien aumenta los niveles de energía, potencia
la función de la memoria y mantiene la sensación de
bienestar.

Por otro lado, comer alimentos poco saludables
puede dejar a tu hijo aletargado y menos preparado
para hacer frente a las tareas escolares.

A título orientativo, la Organización Mundial de la
Salud (OMS) recomienda que los niños:

▶ **Coman al menos cinco raciones de fruta y
   verdura al día.**
▶ **Incluyan cereales integrales y frutos secos en
   su dieta.**
▶ **Cambien el consumo de grasas saturadas,
   muy presentes en alimentos como la carne
   roja, la mantequilla y el queso, por el de grasas insaturadas, presentes en otros alimentos
   como las aceitunas, la crema de cacahuete y
   los aguacates.**
▶ **Limiten la ingesta de azúcar reduciendo el
   consumo de alimentos azucarados como el
   chocolate, los helados y los dulces.**

Intenta servir comidas equilibradas que conten-
gan proteínas, cereales integrales y verduras. Elige
verduras crudas y fruta como tentempiés en lugar de
patatas fritas y galletas. Evita las bebidas azucaradas
y gaseosas.

# Beber agua

Anima a tu hijo a mantenerse hidratado. Las investigaciones[*] han descubierto que la deshidratación puede provocar rápidamente dolores de cabeza, pérdida de concentración e irritabilidad. Pero cuando los niños están ocupados jugando o estudiando, es posible que no noten que tienen sed.

Compra a los niños más pequeños un vaso antiderrames para que lo tengan cerca y anímales a beber sorbos con regularidad.

La Autoridad Europea de Seguridad Alimentaria (EFSA) recomienda que los niños de entre 4 y 13 años beban aproximadamente entre seis y ocho vasos de líquido al día. En los días más calurosos, o si han estado especialmente activos, pueden necesitar más.

---

[*] Fuente: *The Journal of Nutrition.*

# Ejercicio regular

Los expertos recomiendan que los niños y adolescentes realicen al menos una hora diaria de actividad física. Puede consistir en jugar en el parque, saltar en una cama elástica o hacer ejercicio organizado, como el que se desarrolla en las clases de natación o en un club de atletismo. Hay que tener en cuenta que los niños tienden a estar más activos en periodos cortos que largos.

La actividad física mantiene en forma tanto nuestra mente como nuestro cuerpo al estimular la producción de endorfinas, que aumentan el bienestar y mejoran los patrones de sueño. También libera cortisol, que nos ayuda a controlar el estrés.

# Estirar

Además de mejorar la flexibilidad y la postura de tu hijo, los ejercicios de estiramiento le ayudan a concentrarse en su cuerpo y su respiración, lo que puede mejorar su estado de ánimo. Asegúrate de que tu hijo estire solo cuando sus músculos ya estén calientes después de otro ejercicio.

El yoga puede ser ideal para incorporar estiramientos a los hábitos de tu hijo. Encontraréis tutoriales de yoga para niños en internet o podéis probar la sencilla postura del niño:

- ▶ Arrodillaos con las puntas de los pies tocándose y las rodillas juntas o separadas.
- ▶ Estirad los brazos por delante de la cabeza con las palmas de las manos hacia abajo en el suelo, o bien mantenedlos a los lados con las palmas hacia arriba.
- ▶ Inclinaos gradualmente hasta que la frente toque el suelo.
- ▶ Inhalad y exhalad lentamente.
- ▶ Mantened la postura de tres a cinco respiraciones.

# Desconectar para dormir

Apaga los teléfonos, tabletas y portátiles al menos una hora antes de acostaros. La luz azul que emiten estos dispositivos basados en LED estimula la hormona del estrés cortisol e interfiere en la producción de melatonina, inductora del sueño, que necesitamos para conciliarlo.

Apaga también la televisión, sobre todo si a tu hijo le gustan los programas de alto voltaje que le excitan. Los juegos y actividades que estimulan el cerebro también deben dejarse para el día siguiente. En lugar de eso, introduce la clásica lectura de antes de dormir, audiolibros o música relajante.

La leche y otros productos lácteos contienen un aminoácido que ayuda a inducir el sueño. Como la quinoa tiene un alto contenido en aminoácidos, es una gran opción para los veganos. Prueba a preparar leche de quinoa en casa mezclando quinoa cocida con agua y endulzándola con dátiles y canela.

# Hacer que la habitación de tu hijo favorezca un sueño reparador

Sigue estas ideas para crear un entorno de sueño óptimo para tu hijo:

- ▶ Utiliza persianas o cortinas opacas para evitar que en la habitación de tu hijo entren rendijas de luz que le impidan relajarse.
- ▶ Apaga las luces principales de su habitación, ya que las luces brillantes engañan al cuerpo y le hacen entrar en modo «diurno».
- ▶ Utiliza una lámpara de lectura con poca luz.
- ▶ Organiza un sistema de almacenamiento fácil para que podáis recoger los juguetes y el desorden con el mínimo esfuerzo.
- ▶ Asegúrate de que su cama sea cómoda, que tenga sábanas limpias y que su edredón o peluche favorito sean fáciles de encontrar.
- ▶ Considera la posibilidad de instalar altavoces con los que reproducir música relajante para dormir o audiolibros.
- ▶ Asegúrate de que la habitación no esté ni demasiado caliente ni demasiado fría: se cree que la temperatura ideal en un dormitorio es de 16-18 °C.

# Ordenar

El desorden no solo resulta antiestético, sino que puede afectar a la salud mental. Según diversos estudios[*], las personas que viven en medio del desorden sufren mayores niveles de estrés.

▶ Si tu casa está incómodamente desordenada, predica con el ejemplo y enseña a tu hijo a liberar espacio.

▶ Sigue una política de «uno dentro, uno fuera»: introduce un nuevo artículo solo para sustituir a otro.

▶ No dejes que se acumulen los objetos que no usas: cuando a tu hijo se le quede pequeña la ropa o los juguetes, pásalos.

▶ Fotografía los dibujos y manualidades de tu hijo para tener un recuerdo digital en lugar de físico.

▶ Si la habitación de tu hijo está desordenada, ayúdale a hacer limpieza para que tenga menos cosas que recoger cada día.

---

[*] Fuente: Universidad de California, EE. UU.

# Hacer de tu hogar un santuario

Piensa en cómo hacer de tu casa un espacio tranquilo y seguro para tu hijo.

No te esfuerces por alcanzar el nivel de «casa de exposición», pero mantén las habitaciones limpias y despejadas. Fomenta una vida pausada: el hogar es el lugar donde tú y tu hijo debéis sentiros lo bastante cómodos como para relajaros sin presiones.

Si es posible, crea una zona de juegos separada para los más pequeños, aunque se limite a una caja con sus juguetes y una alfombra de juegos en un rincón del salón.

Aporta toques personales a tu hogar: enmarca fotos familiares y cuélgalas en las paredes, colecciona obras de arte o expón algunos de los mejores trabajos creativos de tu hijo.

Evita los comportamientos que hagan que tu hijo se sienta inseguro: limita los gritos y las discusiones.

# Mantener rutinas

Los niños suelen tener miedo a lo desconocido y los cambios les resultan estresantes y molestos, lo que puede provocar enfados y cambios de humor. Animar a tu hijo a que siga una rutina desde pequeño le ayudará a sentirse seguro y también fomentará la confianza entre vosotros.

Puedes plantearte establecer una rutina para cada una de las siguientes actividades:

▶ Prepararse por la mañana.

▶ Horario de comidas y meriendas.

▶ Hora del baño y de acostarse.

▶ Tareas domésticas y culinarias.

▶ Tiempo en familia y juegos.

No obstante, tampoco hay que evitar la espontaneidad ni alguna que otra sorpresa divertida.

# Rutina a la hora de acostarse

Intenta establecer una buena rutina a la hora de acostarse desde una edad bastante temprana para que tu hijo se acostumbre a relajarse al final del día y a prepararse para dormir.

Una rutina sencilla de seguir es «baño, libro y cama». Puedes incluir otros ingredientes, como tomar una bebida láctea u otro refrigerio, o escuchar música relajante.

Al establecer un orden y un horario básicos, tu hijo sabe qué esperar al final de cada día.

A medida que crezca, se irá apropiando de sus rituales a la hora de dormir. Sin embargo, si estableces las reglas básicas para una rutina nocturna tranquila, le enseñarás una valiosa habilidad para toda la vida.

# Rutina matinal

Las mañanas pueden ser estresantes. Intenta seguir una rutina tranquila y ordenada.

Prepara todo la noche anterior dejando a mano la ropa y los zapatos del colegio y la mesa puesta para el desayuno. Guarda los abrigos, las mochilas y la equipación deportiva en el mismo sitio —un gancho o un armario— donde puedas descolgarlos o sacarlos fácilmente.

Levántate antes que tus hijos para que te dé tiempo a lavarte y vestirte antes de que se levanten. Establece normas básicas: ¿necesitan vestirse con la ropa del día antes de desayunar o después?

Asegúrate de que se laven los dientes, con tu ayuda si es necesario. No te olvides tampoco de que se peinen o cepillen el pelo.

Pídeles a todos que estén preparados al menos cinco minutos antes de la hora prevista de salida: así habrá tiempo para resolver problemas de última hora.

# Normas de la casa

Establece unas normas para tu familia. No tienen por qué ser estrictas ni inflexibles, pero deben representar tus valores familiares.

Primero, háblalo con tu pareja, si tienes. Cuando tengas una idea clara de lo que quieres conseguir, explica las normas a tus hijos. Cuando todos estén de acuerdo, hazlo oficial.

Escribe tus normas y colócalas en un lugar donde todos puedan leerlas.

Las normas de la casa pueden incluir:

▶ Recoger los juguetes cuando termines de jugar.
▶ No hablar por encima de nadie.
▶ Tratar a los demás —y a sus bienes— con respeto.
▶ Ser educado.

# Enseñar a cuidarse

Aprender el arte del autocuidado puede aumentar la autoestima de tu hijo y reducir el riesgo de depresión y ansiedad.

Desde pequeño, cuando bañes o duches a tu hijo, ve enseñándole a limpiarse solo. Lávale los dientes dos veces al día y anímale a que lo haga él mismo cuando tenga edad suficiente.

Peina o cepilla el pelo de tu hijo y enséñale a poner la ropa sucia en el cesto de la ropa sucia y a elegir ropa limpia para ponérsela.

Enseña a tu hijo que el autocuidado no consiste solo en ocuparse de la salud física y el aspecto físico, sino también en descansar y alimentar su mente y su sensación de bienestar.

# Tiempo de descanso

Los niños necesitan pausas regulares para divertirse sin presión. Sobrecargar a tu hijo con actividades extraescolares y compromisos sociales puede hacer que se sienta abrumado. En muchos niños, el estrés y las expectativas externas pueden desencadenar ataques de ira.

Así que considera la posibilidad de reducir las clases extraescolares de tu hijo y dale oportunidades de realizar actividades no estructuradas. Esto puede significar dejarle espacio y tiempo para dibujar, leer, escuchar música, construir maquetas con materiales reciclados, entretenerse con sus juguetes o pasar tiempo al aire libre. Intenta no dejar en manos de las pantallas este tiempo de descanso.

# Un aparato digestivo sano para una mente sana

Parece extraño, pero los científicos han descubierto una estrecha relación entre la salud digestiva y la salud mental. De hecho, algunos expertos describen nuestro estómago como nuestro «segundo cerebro», que puede influir en el estado de ánimo y el bienestar. Se ha descubierto que las personas con aparatos digestivos poco sanos son más propensas a sufrir depresión. Esto se debe a que los microbios intestinales producen y regulan las «hormonas de la felicidad», como la serotonina y la dopamina.

Puedes mantener sano el aparato digestivo de tu hijo asegurándote de que:

▶ Hace tres comidas regulares al día y evita los tentempiés poco saludables.
▶ Reduce el consumo de azúcar.
▶ Evita los alimentos muy procesados.
▶ Come más fibra.
▶ Consume más alimentos de origen vegetal.
▶ Reduce el consumo de carne.
▶ Come pescado azul.

- ▶ Consume aceite de oliva virgen extra en lugar de otros aceites y grasas.
- ▶ Consume alimentos probióticos, como yogures naturales, para estimular el crecimiento de los microbios intestinales.

# Capítulo 6

# Habilidades para la vida

●

Si enseñas
a tu hijo a afrontar
situaciones difíciles, como
los conflictos con los amigos o
las dudas sobre sí mismo, reforzarás
su autoestima y su autoconfianza, así
como su capacidad de recuperación.
Al inculcar estos valores a tu hijo
desde el principio, le ayudarás
a aprender a enfrentarse a
las emociones difíciles
a medida que crezca,
como se explica en
este capítulo.

●

# Enseñar a resolver conflictos

Dale a tu hijo consejos para afrontar las desavenencias con sus hermanos y sus amigos.

Explícale la situación para demostrarle que la comprendes y para ayudarle a identificar sus sentimientos: «Estás triste porque Sara ha dicho que no quiere ir al parque contigo. ¿No es cierto?».

Enséñale las afirmaciones del «yo». Pídele que sustituya «Sara no quiere ir al parque conmigo y ahora no me gusta» por «Me entristeció que Sara no quisiera ir al parque». Esto le ayudará a explicar su punto de vista al otro niño.

Anímale a escuchar la afirmación del «yo» del otro niño, porque el trabajo en equipo es la solución más justa a los conflictos.

Hazle saber que está bien —y a veces es aconsejable— alejarse y buscar la ayuda de un adulto si no consiguen llegar a una solución entre ellos.

# Expresar grandes emociones con seguridad

Enseña a tu hijo que no pasa nada por tener sentimientos fuertes y que todo el mundo los experimenta en algún momento.

Pero anímale a expresarse de un modo que no ponga en peligro a nadie. Sé firme cuando le expliques que pegar, dar puñetazos, arañar, morder y lanzar cosas no es aceptable.

En lugar de eso, sugiérele que explore otras formas de expresar sus emociones. Podría:

+ Hablar de cómo se siente.
+ Salir a correr o a jugar al balón (la actividad física es una buena forma de canalizar la ira y la frustración, además de quemar el exceso de energía y adrenalina).
+ Dar rienda suelta a su creatividad escribiendo, dibujando o pintando sus sentimientos, o incluso escribiendo una canción o pieza musical sobre sus emociones.

# Enseñar límites

Desafiar las fronteras forma parte del desarrollo de un niño, pero, como padre, debes establecer límites de comportamiento y enseñarle pautas restrictivas saludables.

Ceñirse a una rutina regular ayuda a tu hijo a aprender los límites básicos, como cuándo debe irse a la cama o a comer (en el capítulo 5 encontrarás más consejos sobre rutinas). Tu hijo también debe aprender parámetros físicos, como respetar el espacio personal de los demás y no tocar cosas ajenas.

Es importante que también aprenda sobre los límites emocionales: que sus sentimientos y necesidades son independientes de los de otras personas. Esto le ayudará a no culpar injustamente a los demás de sus propias emociones. Además, le protegerá de asumir erróneamente la responsabilidad de los sentimientos de los demás, lo que puede ser perjudicial y estresante.

# Problemas escolares

Entre los indicios de que tu hijo tiene problemas escolares figuran las quejas de dolor de cabeza o de estómago en días lectivos. Es posible que haya perdido la motivación o que te confiese que no le gusta ir al colegio, pero que no sea capaz de verbalizar exactamente por qué. Puede deberse a varias razones:

- ▸ Dificultades con las tareas escolares.
- ▸ Haber tenido un choque con algún profesor.
- ▸ Problemas con los amigos.
- ▸ Estar siendo objeto de acoso o estar acosando a otro niño.
- ▸ Distraerse en la escuela por problemas en casa.
- ▸ Problemas más complejos no diagnosticados, como TDAH, dislexia o autismo.

Si descubres que tu hijo está siendo acosado —o que está acosando a otro niño—, debes ponerte en contacto con el colegio para pedir ayuda.

Si te preocupa que tenga dificultades con las tareas escolares o con los amigos o que pueda tener un problema no diagnosticado como la dislexia, puedes ponerte en contacto con un profesor de confianza del colegio de tu hijo. Si te preocupan los choques con un profesor en concreto, lo mejor es que te pongas en contacto con el equipo directivo del centro.

# Problemas con los amigos

Aunque es duro ver a tu hijo luchar con problemas relacionados con las amistades, intenta recordar que es normal. Aprender a manejar los conflictos es una habilidad importante para la vida y forma parte del crecimiento. Escucha a tu hijo en lugar de apresurarte inmediatamente a «arreglar» las cosas. Empatiza con él, no quites importancia ni minimices sus problemas. Esto le tranquilizará al saber que tú le apoyas.

Hazle preguntas que le ayuden a articular sus emociones, como por ejemplo: «¿Qué sentiste cuando Tom te dijo eso?».

Anímale a que proponga ideas que ayuden a resolver problemas y cuéntale tus propias experiencias sobre el tema de los conflictos con amigos.

Deja claro que cualquier forma de acoso es inaceptable, tanto si lo sufre él como si lo provoca.

# Hacer frente a pensamientos de ira

Si tu hijo tiene pensamientos de ira sobre sí mismo, sobre otras personas o sobre una situación que escapa a su control, convéncele con delicadeza para que confíe en ti.

Si le cuesta expresar sus sentimientos, anímale a utilizar su «termómetro de la ira» *(véase la página 34)*, a dibujar su enfado o a escribirlo.

Empatiza con él y asegúrale que los pensamientos de ira son normales y pasarán.

Anímale a utilizar técnicas de atención plena para desviar los pensamientos de ira, como las técnicas respiratorias o los ejercicios de enraizamiento que ya hemos visto (véase el capítulo 3), o a realizar una actividad física, como salir a pasear o a correr.

Recuérdale que los pensamientos no son la realidad y que no debe sentirse culpable por estar enfadado. Lo que cuenta es cómo se enfrenta a esos pensamientos.

# Enseñarle a ignorar los pensamientos autosaboteadores

Si tu hijo se siente abrumado por su «crítico interior» —la voz que le dice que no es tan listo, gracioso o atractivo como sus compañeros—, tranquilízalo diciéndole que la mayoría de las personas luchan a veces contra la inseguridad.

Si tu hijo suelta un «¡Qué tonto soy!», no te precipites con un positivismo exagerado. En lugar de eso, ayúdale a «nombrar» sus sentimientos preguntándole: «Pareces enfadado; ¿por qué?».

Guíale para que identifique el problema (puede ser una pregunta complicada de matemáticas o que no esté contento con su dibujo) y ofrécele ayuda.

Aumenta su autoestima animándole y elogiándole, y destaca sus habilidades y talentos individuales. Enséñale también a aceptar la imperfección. (En la *página 66* encontrarás consejos sobre el perfeccionismo.)

# Lidiar con opiniones negativas acerca de los demás

Anima a tu hijo a tratar a los demás con empatía, en lugar de con negatividad. Por ejemplo, si tu hijo dice: «Holly es tan gruñona», explícale que su amiga puede estar luchando con sus propias emociones.

Si tu hijo describe constantemente a sus compañeros como «agresivos» o «malos», es posible que sea propenso al «sesgo de atribución hostil». Esta expresión es utilizada en el ámbito académico después de que una investigación[*] descubriera que algunas personas achacan repetidamente los problemas con sus compañeros a acciones ajenas que perciben como deliberadas, y que los niños que creen que los demás siempre intentan molestarles son más propensos a reaccionar con enfado.

Si esto te resulta familiar, intenta explicarle a tu hijo que está malinterpretando las situaciones so-

---

[*] Fuente: Primer estudio de William Nasby, Ken Dodge y Nicki Crick en 1980.

ciales. Sin embargo, los niños con más dificultades pueden necesitar la orientación de un profesional que les ayude a ver que los problemas que perciben en relación con sus compañeros suelen ser accidentales y a aprender a olvidarlos y seguir adelante. (Para consejos sobre cómo buscar ayuda, véase el capítulo 8).

# Habilidades para tranquilizarse

Dota a tu hijo de las habilidades necesarias para calmarse en situaciones de estrés. Para que tu hijo pueda distanciarse por un momento de lo que le perturba, aconséjale que pruebe estas sencillas actividades:

- ▶ Utilizar automotivación positiva, como: «Puedo superarlo; soy lo bastante fuerte para afrontarlo».
- ▶ Practicar técnicas respiratorias *(véase la página 55)*.
- ▶ Utilizar un bola antiestrés: tu hijo puede llevar uno en el bolsillo o en la mochila.
- ▶ Si hay un lavabo a mano, dejar correr agua fría por las manos.
- ▶ Salir a pasear.
- ▶ Sentarse y escribir sus sentimientos.
- ▶ Beber un poco de agua.

# Responder preguntas difíciles

Prepárate para que tu hijo te haga preguntas difíciles y tómate tu tiempo para formular una respuesta adecuada.

Por ejemplo, tu hijo puede preguntar de repente si sus abuelos u otro ser querido van a morir, algo que tú no esperabas abordar todavía.

Intenta decir: «Es una pregunta importante y voy a pensármelo antes de contestar».

Si tu hijo compara tu manera de educarle con la de los padres de sus amigos, no te sientas obligado a justificarte. Está bien responder: «Cada familia es diferente».

Los expertos sugieren que los niños menores de 7 años deberían estar protegidos de las noticias de la televisión. Si tu hijo tiene miedo de las grandes tragedias mediáticas de las que ha oído hablar, no le mientas. Sin embargo, es aconsejable limitar la información que le des para que le resulte más fácil comprenderla.

# Mostrar interés

Presta atención a los intereses de tu hijo. Las investigaciones* han demostrado que los niños que tienen adultos a su alrededor que les animan y alimentan sus «chispas» o pasiones suelen estar más sanos y satisfechos, además de tener mejores amistades y mayores habilidades empáticas.

Por eso, cuando tu hijo te hable de las cosas que le entusiasman, escúchale. Si no habla mucho, fíjate en las actividades que más le gustan.

Procura no imponerle tus propios intereses o expectativas. Por ejemplo, puede que desees que tu hijo se dedique al atletismo, pero si prefiere tomar clases de baile, acéptalo y respétalo.

---

* Fuente: Search Institute.

# Saber cuándo descansar

El sueño es necesario para el crecimiento físico y mental. Aunque cada niño tiene sus propias necesidades, un niño de 5 años necesita una media de once horas, mientras que uno de 15 necesita unas nueve, según las directrices del NHS. Por eso es importante que tu hijo sepa cómo relajarse cada noche. (En el capítulo 5 encontrarás consejos sobre la rutina a la hora de acostarse.)

El cansancio suele desencadenar cambios de humor, así que ayuda a tu hijo a reconocer cuándo necesita descansar del juego o de los deberes. Una buena forma de fomentar el descanso diurno es llevar a tu hijo a un rincón tranquilo con un libro o un juguete sencillo: una guarida es ideal para ello. (En la *página 57* encontrarás consejos para construir una guarida).

# Darle un poco de responsabilidad

Delegar en tu hijo algunas tareas adecuadas a su edad es estupendo para reforzar su autoestima.

Empieza con algo relativamente sencillo y no le sobrecargues. En lugar de un vago «Ordena tu habitación», dale instrucciones claras, como: «Por favor, cuelga toda la ropa en el armario».

Enséñale a hacer las cosas correctamente antes de pedirle que las haga solo.

Elógialo cuando haya terminado su tarea y enséñale que, si ayuda, tendrá más tiempo para divertirse. Por ejemplo, puedes decir: «Cuando me hayas ayudado a regar las plantas, jugaré en el jardín contigo».

# Aprender a ser resiliente

Trabaja para desarrollar la resiliencia de tu hijo, una valiosa habilidad vital que puede ayudarle a afrontar todo tipo de situaciones estresantes.

+ Pasad mucho tiempo juntos para reforzar su sensación de seguridad y su autoestima.

+ Ayúdale a identificar las emociones difíciles, como el miedo, la ira, los celos y la tristeza, y explícale que son normales y que pasarán.

+ No intervengas inmediatamente para resolver los problemas de tu hijo: déjale tiempo para que los resuelva por sí mismo.

+ Deja que asuma riesgos sanos: así aprenderá a confiar en su juicio.

+ Enséñale que, en cierto grado, los «fracasos» y «errores» forman parte del proceso de aprendizaje y que tú le ayudarás a superarlos.

+ Ayúdale a aceptar que a veces experimentará malestar y decepción, pero que estas situaciones difíciles no durarán para siempre.

# Cultivar la autoconfianza

Equilibra tu deseo de proteger a tu hijo con la necesidad de enseñarle a confiar en sus propios instintos y capacidades.

▶ Hazle preguntas como: «¿Cómo te has sentido?» para animarle a explorar sus emociones.

▶ Enséñale cuáles son sus instintos, por qué los tenemos y por qué es importante hacerles caso; por ejemplo, no sentirse cómodo en determinadas situaciones.

▶ Valora sus decisiones y no menosprecies sus preocupaciones.

▶ Elógiale y anímale cuando pruebe cosas nuevas, pero asegurándole que le apoyarás salga como salga.

▶ No le asfixies; enséñale a afrontar los retos de frente.

# Capítulo 7

# Mirar hacia uno mismo

Cuando te centras
en la crianza de tus hijos,
tus propias necesidades pueden
pasar a un segundo plano.
Sin embargo, es importante
que seas un modelo
para tu hijo cuidándote
y manteniendo
el control de tu estado
de ánimo y tu comportamiento.
Este capítulo ofrece consejos
sobre cómo cuidar de ti mismo
para ayudar a tu hijo.

# Identificar cómo expresas la ira

Piensa en cómo reaccionas cuando te enfadas. ¿Gritas o te enfurruñas? ¿Atacas con palabras o muestras tu enfado de un modo físico? Tal vez no expreses tus sentimientos, sino que te repliegues sobre ti mismo.

Cada persona afronta la ira a su manera, pero es posible que notes cómo tus propios estados de ánimo siguen un patrón reconocible.

Anota tus sentimientos y reacciones ante situaciones difíciles para hacerte una idea de tu comportamiento en general. Puede que ya seas consciente de cómo reaccionas ante determinadas situaciones o que te sorprendas a ti mismo una vez que lo tengas escrito tan claramente.

# Buscar tus puntos de estrés

¿Te estresan las mañanas, cuando intentas organizar a tu hijo para salir de casa? ¿O la hora de acostarse es un foco de tensión para ti? ¿Quizás la hora de la comida te resulta un trabajo duro? Tal vez los arrebatos de ira de tu hijo, sobre todo cuando van dirigidos a ti, desencadenen tu mal humor. Es muy probable que pierdas la calma cuando estás cansado, sensible o preocupado. Si detectas los puntos de estrés en tu rutina, podrás empezar a pensar en cómo afrontar esas situaciones con más calma y ser un buen modelo para tu hijo.

# Predicar con el ejemplo

Intenta ser un modelo positivo para tu hijo, alguien en quien se fije para saber cómo reaccionar ante las situaciones.

Las investigaciones* sugieren que los rasgos de la personalidad están más definidos por la genética que por las circunstancias. Sin embargo, recuerda que los patrones de comportamiento pueden aprenderse, y que tu hijo está aprendiendo de ti.

Experimenta con los ejercicios para tranquilizarse que se comentan en este libro y cuéntale a tu hijo cómo estás afrontando tus sentimientos. Por ejemplo: «Estoy muy enfadado por haber dejado caer todos esos huevos al suelo, pero voy a contar hasta diez y recordarme a mí mismo que solo ha sido un accidente y entonces me sentiré mejor».

---

\* Fuente: Estudio de Minnesota sobre gemelos criados separados entre 1979 y 1999.

# Autocuidado para ti

Además de enseñar a tu hijo el valor del autocuidado, asegúrate de cuidarte tú también, tanto física como mentalmente. El autocuidado no tiene por qué ser complicado ni caro; puede ser tan sencillo como darse un baño relajante después de un largo día.

Otras formas de cuidarse son:

▶ Seguir una dieta sana y equilibrada.
▶ Dormir lo suficiente.
▶ Hacer ejercicio regularmente.
▶ Salir al aire libre.
▶ Visitar un lugar diferente para cambiar de aires.
▶ Quedar con amigos.
▶ Pasar tiempo a solas.
▶ Aprender a decir no a los demás para evitar sentirse abrumado.
▶ Programar tiempo para el cuidado personal, ya sea media hora para leer un libro o una visita a la peluquería.

# Ser amable contigo mismo

Trátate a ti mismo como idealmente tratarías a los demás: con amabilidad.

La autocompasión significa ser comprensivo con uno mismo. En lugar de escuchar a tu «crítico interior» (en el capítulo 6 encontrarás consejos sobre los pensamientos autosaboteadores), habla contigo mismo con la misma comprensión con que lo harías con un amigo.

Por ejemplo, no te regañes por haberte olvidado de comprar más leche. En lugar de eso, sé más tolerante y dite a ti mismo: «Estoy muy ocupado y preocupado por el trabajo y, al fin y al cabo, soy humano. Tenemos leche suficiente para mañana».

Las investigaciones[*] han descubierto que la autocompasión está relacionada con una mayor satisfacción vital, sabiduría, optimismo, felicidad e inteligencia emocional. También reduce el riesgo de depresión y ansiedad.

---

[*] Fuente: Kristin Neff, 2009.

# Replantearte las emociones fuertes de tu hijo

Aprende a reformular el estado de ánimo y el comportamiento de tu hijo centrándote en lo positivo en lugar de en lo negativo.

Por ejemplo, en lugar de ver a tu hijo como demasiado testarudo y bullicioso, recuérdate a ti mismo sus buenas cualidades e intenta reformular su personalidad como segura y asertiva.

En lugar de sentirte cansado de sus arrebatos emocionales, recuérdate a ti mismo lo positivo que es que sea capaz de expresarse y de sentirse lo bastante seguro contigo, como padre, como para comportarse así.

Observa su comportamiento con empatía. Tu hijo aún no tiene la madurez ni la experiencia vital necesarias para conocer las respuestas que le permitan gestionar sus estados de ánimo. Tu papel es ayudarle a aprender.

# Practicar la autoaceptación

Del mismo modo que debes animar a tu hijo a ignorar su «crítico interior» y aceptarse tal como es, tú debes hacer lo propio.

La autoaceptación significa reconocer tus puntos fuertes y tus puntos débiles, ser realista sobre tus capacidades y estar contento contigo mismo, a pesar de tus defectos.

Los beneficios de la autoaceptación incluyen la regulación del estado de ánimo y las emociones positivas, un mayor sentido de la autoestima y menos posibilidades de depresión.

Sé sincero con tu hijo sobre ti mismo. Por ejemplo, podrías decir: «No soy el mejor cocinero, pero siempre se me ha dado bien la jardinería». Esto demuestra a tu hijo que es sano aceptar tus propias debilidades y reconocer tus puntos fuertes, en lugar de aspirar a la perfección o intentar ser otra persona, y le animará a hacer lo mismo.

CONSEJO
91

# Dedicarte tiempo a ti mismo

Dedícate algo de tiempo a ti mismo, al margen de tus obligaciones parentales y tus otras responsabilidades. Puede ser difícil dedicarse tiempo a uno mismo cuando se tiene un hijo, pero es importante no perder de vista quién se es como persona ni ignorar las propias necesidades.

Haz una lista —mental o no— de las cosas que te gustaría hacer para ti mismo. Calcula cuándo podrías empezar a hacerlas, quizás cuando tu hijo esté en el colegio o al cuidado de su otro progenitor o de un familiar.

Anótalo en el calendario para que nadie se olvide y cúmplelo. Tampoco te sientas culpable: ¡te lo has ganado!

# Crear una estantería de salud mental

Encuentra un lugar de fácil acceso para tus objetos más preciados y valiosos: una manta acogedora, libros inspiradores, películas que te hagan sentir bien, fotos especiales y bolas (o exprimidores) de estrés.

Busca uno también para tu hijo y anímale a personalizarlo con objetos familiares y tranquilizadores.

Si no te sobra una estantería, puedes utilizar una caja, una cesta o un cajón, cualquiera de ellos vale siempre que tus cosas especiales sean de fácil acceso en los momentos difíciles en los que necesites consuelo.

# Capítulo 8

# Buscar apoyo

●

No es ninguna
vergüenza pedir ayuda;
al contrario, demuestra una
fortaleza increíble. Intenta confesarte
con amigos y familiares de confianza
para obtener apoyo emocional y,
si crees que te va ayudar,
habla con un profesional
o una organización
específica para que
te orienten sobre
tus opciones y
los siguientes
posibles
pasos.

●

# Cuándo pedir ayuda

Puede que te preocupe no estar haciendo grandes progresos con el estado anímico de tu hijo, o que este lleve siendo bajo un tiempo considerable. Puede que te preocupe que su ira pueda hacerle daño a él o a quienes le rodean.

En estos casos, podrías plantearte hablar con un profesional de confianza como:

- ► El profesor de tu hijo.
- ► La enfermera escolar.
- ► El coordinador escolar de necesidades educativas especiales.
- ► Vuestro médico de familia o enfermera.

Si es necesario, se le puede derivar a un servicio local de salud mental infantil o a un orientador o terapeuta infantil especializado. También puedes llevar a tu hijo a un especialista sin haber consultado a vuestro médico de familia.

Es posible que desees que evalúen a tu hijo para la detección de trastornos como el autismo, el TDAH o el trastorno del procesamiento sensorial, los cuales pueden influir en el estado de ánimo del niño.

# Libros y pódcast de autoayuda

Amplía tus conocimientos leyendo libros de autoayuda. Existe una gran cantidad de libros sobre crianza y comportamiento infantil.

Si te cuesta encontrar tiempo para leer, los audiolibros son una gran alternativa y pueden descargarse *online*.

También puedes considerar la posibilidad de escuchar algunos pódcast de expertos o de otros padres.

Descarga el audiolibro en tu teléfono o haz clic en el pódcast y escúchalo mientras estás haciendo otras cosas.

# Hablar con tu hijo sobre la ayuda profesional

Si estás pensando en buscar ayuda profesional, sé sincero con tu hijo.

Asegúrale que no tiene problemas ni corre el riesgo de ser «castigado». Hazle saber que no estás enfadado ni decepcionado con él, pero que las cosas no pueden seguir como están. Deja claro que tu deseo de encontrar ayuda proviene del amor.

Asegúrate de que sepa que tanto tú como los profesionales a los que podáis acudir estaréis de su lado en todo momento. Podrías decir: «Queremos ayudarte a entender tus sentimientos, tus pensamientos y tus comportamientos».

Explícale que, mediante esa búsqueda de ayuda profesional, esperas que acabe sintiéndose más feliz y que la vida le resulte más fácil.

# Preparar la visita al médico

Habla con tu hijo sobre lo que puede esperar de su primera cita con el médico. Si está preparado de antemano, es menos probable que se sienta ansioso y más probable que coopere.

Utiliza términos adecuados a su edad y explícale la situación con calma y sencillez. Por ejemplo, puedes decir: «Vamos a hablar con el médico sobre cómo te sientes y te comportas a veces».

Reitera que tanto tú como los profesionales a los que podáis acudir estaréis de su lado en todo momento. Podrías decir: «Queremos ayudarte a entender tus emociones».

# Tomar decisiones

Sé sincero y claro cuando le expliques las opciones a tu hijo. Nunca debe sentirse inseguro ni obligado a nada.

Al igual que los adultos, los jóvenes de 16 o 17 años pueden decidir sobre su tratamiento médico, salvo que no tengan capacidad suficiente. Los menores de 16 años pueden dar su consentimiento si entienden lo que implica.

En caso contrario, un adulto con responsabilidad parental puede consentir el tratamiento de un niño, pero, según la Convención sobre los Derechos del Niño de las Naciones Unidas, la opinión de este debe tenerse muy en cuenta a la hora de tomar decisiones.

Al asegurarle a tu hijo que se tendrán en cuenta sus deseos, reforzarás el sentimiento de confianza entre tú, tu hijo y los profesionales que le ayudan.

# Adoptar un enfoque holístico

Contempla a tu hijo como una persona con muchas facetas y dedica tiempo a apreciar sus atributos, ya sean la amabilidad, la sensibilidad, la perseverancia o cualquier otra cosa. Dile a tu hijo que valoras sus talentos y habilidades, para que no caiga en la trampa de verse únicamente como una persona con «problemas de ira».

Adoptar un enfoque holístico significa tener una visión global tanto del carácter de tu hijo como de la situación en la que os encontráis.

Intenta no centrarte demasiado en su comportamiento difícil, ni en privado ni en conversación con él. Asegúrale que sus problemas no le definen. Anima a tu hijo a disfrutar de las cosas sencillas de la vida y a celebrar los momentos felices, por pequeños que sean.

# Tipos de ayuda disponibles

Puede haber varias opciones disponibles para tu hijo. Se le puede derivar a un centro psicológico. Se le puede recomendar algún tipo de terapia, como arte-terapia o musicoterapia, individual o en grupo.

El colegio de tu hijo puede ofrecer orientación adicional por parte de profesores o profesionales externos, como terapeutas ocupacionales. Si tu hijo es evaluado por una enfermedad como el autismo, debe recibir apoyo de los profesionales pertinentes durante este proceso.

La organización internacional Ditch the Label aborda los problemas de salud mental infantil en todo el mundo.

Si tú o tu hijo estáis en crisis, buscad asistencia médica urgente. En el mundo existen muchas organizaciones benéficas de prevención del suicidio.

# Establecer contacto con otros padres

No tengas miedo de recurrir a otros padres. Puede que descubras que han vivido una situación similar.

Ellos pueden ofrecerte consejos útiles y recomendaciones sobre expertos u organizaciones que podrían ayudaros.

E incluso aunque esos otros padres no puedan decirte exactamente qué hacer, puede ser reconfortante escuchar a alguien que ya ha pasado por lo mismo.

Tanto si te sientes cómodo confiando en familiares como en amigos, en otros padres que encuentres a través de internet o en grupos de apoyo «de la vida real», puede que encuentres la verdad en el viejo refrán: «Un problema compartido es un problema reducido a la mitad».

# Mirar al futuro

Mantente esperanzado y positivo; intenta ver el panorama general si te sientes abrumado por el estado de ánimo de tu hijo.

Recuérdate a ti mismo que, tal como ocurre con muchos otros problemas relacionados con la crianza de los hijos, «esto también pasará». Además, consuélate pensando que, al elegir este libro, ya habrás demostrado ser un padre reflexivo que se preocupa profundamente por el bienestar de tu hijo, ahora y en el futuro.

Confía en tu capacidad para superar este difícil momento con tu hijo.

No te presiones fijándote plazos. Sin embargo, intenta creer que un día —esperemos que no muy lejano— tanto tú como tu hijo os sentiréis más satisfechos y felices.

# CONCLUSIÓN

Ojalá este libro te haya resultado tanto tranquilizador como inspirador. Consúltalo siempre que necesites más orientación e información.

Por supuesto, no existe una solución fácil ni un método infalible para ayudar a tu hijo a controlar sus estados de ánimo. Sin embargo, probando distintas técnicas y ofreciéndole amor y apoyo incondicionales, ten por seguro que podréis superar juntos los momentos difíciles.

Si enseñas a tu hijo a afrontar las emociones difíciles, en lugar de sentirse abrumado por ellas, le harás un regalo maravilloso: la capacidad y las habilidades necesarias para convertirse en un adulto feliz, estable y contento.